ORGANISATION

DU

TRAVAIL

Par LAVIGNE,

Rédacteur de la FASHION-THÉORIE.

PRIX : 25 CENTIMES.

Paris,

CHEZ L'AUTEUR, COUR DES FONTAINES, 4.

1848.

ORGANISATION

DU

TRAVAIL

PAR LAVIGNE,

Rédacteur de la FASHION-THÉORIE.

CHEZ L'AUTEUR, COUR DES FONTAINES, 4.

—

1848.

AVANT-PROPOS.

Ce petit volume se trouvait sous presse quand les cruelles journées de juin ont éclaté. On verra par son contenu que lorsque nous l'écrivions, nous étions animés des meilleurs sentiments, et que notre but était l'intérêt de l'ordre et l'intention d'apporter, comme tant d'autres, nos conseils pour chercher à arrêter les divisions qui se manifestaient depuis près de deux mois. Dans ce volume, nous vantions les ouvriers de l'admirable révolution qu'ils avaient aidé à accomplir en février ; d'après ce qui vient de se passer dans ces quatre journées de fatale mémoire, où des ouvriers français se sont déshonorés, devions-nous renoncer à publier notre livre, devions-nous renier ce que nous y avions dit en faveur des ouvriers, devions-nous mépriser les ouvriers en général, devions-nous cesser de prendre leurs intérêts ? Non ! non ! il y aurait eu lâcheté de notre part, car, chacun le sait, ce ne sont point les ouvriers les plus coupables, ce sont les infâmes conspirateurs qui, pour servir leur vile ambition, profitaient de leur misère, de leur ignorance, et de la division de nos Représentants, et les excitaient avec leur argent et par leurs perfides conseils aux horreurs de la guerre civile. Nous publions donc notre volume, non pas parce que nous le croyons meilleur qu'un autre, non pas parce que nous croyons avoir trouvé définitivement le problème de l'organisation du travail, et l'extinction du paupérisme, mais pour inviter tous les honnêtes gens à travailler avec ardeur à chercher les moyens de rendre la situation des ouvriers meilleure, pour qu'à l'avenir la misère ne puisse plus servir de prétexte aux prétendants et aux agitateurs des guerres civiles.

ORGANISATION

DU TRAVAIL.

UN MOT SUR LA SITUATION ACTUELLE.

—

A partir du 24 février, et tout le temps qu'a duré le Gouvernement provisoire, tout le monde, à Paris, se disait bon républicain, et chacun voyait avec raison que le temps était venu de ne plus avoir d'autre gouvernement possible en France ; tout le monde paraissait d'accord sur ce point, et chacun attendait patiemment l'époque des élections pour que les affaires marchassent comme sur des roulettes ; mais il ne devait pas en être ainsi. Après les élections, on a cru voir que nos Représentants n'étaient pas tous de sincères républicains ; on a cru remarquer des républicains, des socialistes, des légitimistes, des orléanistes et des bonapartistes. Qu'est-ce que cela pourrait faire si tous nos Représentants mettaient, d'un commun accord, leur opinion et leur intérêt de côté pour ne s'occuper que du bonheur de la France ? Et d'ailleurs ils ne pourraient pas faire différemment, car toute la France, tous les peuples ont les yeux sur eux, et l'histoire doit graver leurs actes en lettres ineffaçables ; ils ont donc autant d'intérêt que nous à bien conduire le timon des affaires, d'autant plus qu'ils savent bien qu'on ne les laissera gouverner que tant qu'ils gouverneront dans l'intérêt du peuple et non dans le leur. Mais, chose singulière! c'est que les nuances que l'on a remarqué à la Chambre se sont reproduites sur la population. Avant la formation de la Chambre, tout Paris était républicain, ou du moins paraissait l'être; maintenant, quand nous consultons Paris, nous le trouvons divisé en cinq opinions. Quelle est l'opinion la plus forte? Nous croyons que c'est celle de la République modérée, pacifique, sociale, devant conduire au progrès, au bien-être, mais avec calme et sans violence, ainsi que l'avaient annoncé les hommes les plus populaires placés au pouvoir le 24 février. Si ces hommes, qui sont encore à la tête du pouvoir, restent bons républicains, qu'ils ne se divisent pas, la République triomphera ; si, au contraire, le pouvoir ne tient pas ses promesses, qu'il se divise, ou qu'il ne soit pas assez ferme, alors la réaction mettra tous ses moyens en jeu, le débordera, le dominera, et nous ramènera une royauté quelconque. Cela pourrait-il être un bien? Non, car un roi ne peut garder un trône, quand ce trône lui est disputé par d'autres prétendants qui, à force de tirer dessus, finissent par le renverser pour y prendre place à tour de rôle. Pour satisfaire tous les ambitieux, nous serions donc sans cesse occupés à faire et défaire des trônes. Qu'avons-nous gagné à faire ce métier depuis 89? Chaque fois que nous avons renversé un roi, nous nous sommes ruinés : donc nous ne devons plus vouloir de roi.

Ce que nous disons ici n'est que pour engager nos frères les travailleurs à ne pas se laisser influencer par les perfides conseils de gens ambitieux ou malintentionnés, qui ont intérêt au désordre et à abuser de leur bonne foi. D'ailleurs, les quelques paroles sorties de l'Assemblée nationale, les 9 et 15 juin, doivent rassurer les vrais républicains, car ces paroles nous prouvent qu'ils sont tous d'accord pour maintenir la République et travailler sans relâche aux moyens d'améliorer le sort des ouvriers.

Maintenant, nous tous, travailleurs, qui avons conquis la liberté, qui avons contribué à proclamer la République, que nous reste-t-il à faire? Maintenir la République d'abord, et repousser avec mépris tout ambitieux qui oserait y porter la main; savoir juger les choses par notre propre intelligence, sans ajouter foi à tant d'écrits séditieux dont le seul but est de nous diviser, à tous ces journaux enfin de couleurs opposées dont les écrivains sans conscience vendent leur plume au parti qui les paie le mieux; tous ces hommes enfin qui méprisent tout ce qui se fait, et qui seraient bien embarrassés de vous répondre si vous leur demandiez ce qu'il faut faire; tous ces hommes enfin qui prétendent servir les intérêts des ouvriers en excitant les rassemblements, les cris séditieux et les émeutes. Les vrais ouvriers, les ouvriers sensés, intelligents, doivent se rassembler, mais non dans la rue; ils doivent se rassembler dans des réunions calmes et fraternelles, dans des clubs à couvert, pour discuter leurs intérêts, sur le parti qu'ils doivent prendre pour vivre honorablement de leur travail, et pouvoir être toujours en bonne intelligence avec les patrons et le gouvernement qui a promis de les soutenir si leurs prétentions étaient justes et raisonnables.

OFFRE DU GOUVERNEMENT.

—

Le gouvernement offre une récompense à celui qui fera le meilleur ouvrage sur le moyen à employer pour améliorer le sort des travailleurs et abolir le paupérisme en France. A notre avis, le problème est facile à résoudre : développer l'intelligence des hommes par l'éducation, par la lecture de bons livres et par la vue de spectacles moraux ; donnez tout cela gratuitement à l'ouvrier, et l'ouvrier, naturellement bon, vaudra mieux encore. Et un gouvernement bien administré peut donner tout cela aux ouvriers, dût-il prélever sur eux un léger impôt de quelques centimes par jour. Donnez-leur en conséquence du travail, il n'en manque pas, les ouvriers seraient-ils deux fois plus nombreux : il y a assez de terrains à cultiver, à niveler, à défricher, à dessécher, à reboiser, sans compter les routes, les canaux à faire, les rivières à encaisser pour éviter les inondations, et les mines à exploiter, et les maisons à construire pour bien loger tous ceux qui ne le sont pas. Vous n'avez pas d'argent, dites-vous ? Mais si jusqu'à présent on n'en avait pas tant donné aux riches et que l'on en ait donné un peu plus aux pauvres, il ne serait pas rare, car l'ouvrier, généralement, n'est pas cupide, il ne cache pas son argent, il n'en fait pas son idole, comme font les rois et les grands de la terre. Vous n'avez pas d'argent , dites-vous? Mais vous en trouvez bien pour entretenir une armée de cinq cent mille hommes qui, pour la plupart, s'ennuient dans les casernes et les corps-de-gardes ! Vous n'avez pas d'argent, dites-vous? mais, grâce à Dieu , l'abondance des céréales ne manque pas. Vous pouvez donc sans crainte faire travailler tous les ouvriers puisque vous avez la certitude de pouvoir les nourrir, et si vous ne pouvez leur payer leur salaire intégralement , eh bien ! vous leur donnerez la moitié , les deux tiers de leur semaine, le plus que vous pourrez enfin , le reste, vous leur devrez, vous leur porterez sur un livret de la caisse d'épargne , et vous leur rembourserez ensuite au fur et à mesure que l'argent vous rentrera, au bout de trois mois, six mois, s'il le faut. L'ouvrier vous fera bien crédit. Le sol de la France est assez riche, et sa surface possède assez de trésors pour que vous puissiez lui donner des garanties, et vous verrez que tous les ouvriers honnêtes seront heureux d'accepter ce marché.

Quand vous aurez fait tout cela, quand vous aurez assuré à l'ouvrier son existence par le travail, il se moquera des organisateurs d'émeute qui l'animent et l'excitent contre vous; alors les ouvriers vous applaudiront et diront en chœur que « vous avez bien mérité de la patrie, » et votre page sera une des plus belles dans l'histoire.

Vous promettez les invalides civils aux ouvriers quand ils ne pourront plus travailler. Mais sont-ce des promesses qu'il faut à l'ouvrier? est-ce cela qui l'encourage? Non. Ce qu'il lui faut, c'est la perspective des économies qu'il peut faire. Il faut donc qu'il soit payé en conséquence. Les invalides civils, mais c'est l'hôpital ! et l'hôpital, ce sont les privations, c'est l'esclavage de la vieillesse ! Nous autres pauvres ouvriers , qui allons visiter nos vieux parents , nos vieux amis dans ces monotones retraites , ne voyons-nous pas comme ils sont nourris, ne voyons-nous pas combien il faut être vieux et infirme et combien il faut s'humilier avant de pouvoir y entrer ; ne voyons-nous pas souvent la tombe se refermer sur nous avant que les portes des hospices nous soient ouvertes ; ne voyons-nous pas que dans ces maisons *les employés et les administrateurs regorgent d'abondance , que leur table ferait envie au bourgeois le plus aisé , et que la nourriture des pauvres vieillards n'est quelquefois pas mangeable, et que si la plupart n'avaient pas de parents et d'amis pour leur procurer quelques douceurs , bien des vieillards ne voudraient pas y rester, ils préféreraient l'aumône et la liberté.*

Ce qu'il faut à l'ouvrier , ce sont des économies, pour qu'il puisse, lorsqu'il sera vieux , vivre tranquillement au milieu de sa famille , ou entrer , en payant pension , dans une maison de son choix, où il aura le droit de se plaindre s'il est mal nourri et mal traité, ce qu'il ne peut faire dans vos hospices de charité.

Des principales causes qui nuisent au commerce.

Le moyen le plus sûr de nuire à ses concurrents, de ruiner le commerce et de se ruiner soi-même, est d'afficher les marchandises à des prix trop modérés, au-dessous du cours, ou à perte. Le fabricant ou le boutiquier qui est obligé d'employer ce moyen pour écouler ses mar-

chandises et remplir sa caisse vide , voit arriver à lui le
chaland qui se trouve attiré par l'appât du bon marché :
mais comme tous les marchands ont intérêt à attirer les
consommateurs, chacun d'eux s'empresse d'employer le
même moyen : il résulte de ceci que le consommateur
s'habitue à voir les marchandises à si bas prix, qu'il ne
veut plus en aucun cas les payer à leur valeur; et si le
marchand veut continuer à vendre , il faut qu'il le fasse
sans bénéfice suffisant, quand toutefois il n'est pas à
perte. En continuant de suivre ce système, beaucoup trop
répandu déjà, la ruine du commerce est imminente. Que
faire à cela , puisque chaque marchand a le droit d'éti-
queter sa marchandise à perte si cela lui convient? Il
faudrait dans l'intérêt du commerce, supprimer l'étiquette
à bon marché , ce qui ne s'accorderait guère avec notre
système de liberté et d'économie. Mais il nous semble
cependant que, dans l'intérêt du commerce, il y a quelque
chose à faire. Ne pourrait-on pas , par exemple , pour
chaque industrie, nommer une commission d'experts pour
veiller à ce que chaque marchandise ne puisse être
affichée au-dessus ni au-dessous du cours légal basé sur
des bénéfices de tant pour cent? L'organisation du travail
et le prix des salaires , régulièrement établis, rendraient
l'estimation des marchandises excessivement facile, attendu que le prix des matières premières est toujours
connu, et le prix de la main-d'œuvre une fois bien
établi, chaque expert, dans sa partie, saura toujours apprécier ce que chaque article aura pu coûter de matière
première et de main - d'œuvre, par conséquent. il
pourra apprécier et régler le prix de vente de chaque chose.

POINT DE DÉPART DE LA CONCURRENCE ILLIMITÉE ET DE SES DÉSASTRES.

La grande concurrence est née d'une trop grande confiance, de trop de facilité dans le crédit ; aussi nous voyons des personnes ne possédant en réalité que vingt-cinq mille francs, monter des maisons d'une importance de cent mille francs. Si ces maisons ne réussissent pas à leur début, elles finissent par manger en frais cette importante valeur. Si on ne leur avait pas fait de crédit, elles n'auraient fait de concurrence à personne, elles n'auraient ruiné personne, et elles n'auraient pas mangé elles-mêmes le peu qu'elles possédaient, parce que leur ambition n'aurait pu aller au-delà de leurs moyens.

On peut objecter à cela que si l'on interdit le crédit, celui qui ne possède pas assez de capitaux ne peut s'établir. Nous répondrons qu'il le pourrait également en s'associant à des collègues qui posséderaient autant que lui ; de cette manière, ils travailleraient en commun avec leur propre argent, et ils auraient bien plus d'avantages parce qu'ils achèteraient au comptant et avec plus de prudence, attendu qu'ils ne pourraient compter que sur leurs propres ressources, et qu'eux-mêmes, vendant au comptant, ne seraient sujets à aucune perte ni à aucun crédit, ce qui absorbe toujours les bénéfices. Dans le cas où quelques-uns ne voudraient pas ou ne trouveraient pas à s'associer, eh bien, ils placeraient leurs fonds sur l'Etat, joints aux économies qu'ils feront tant qu'ils pourront, dans leur profession, mettre leur activité à profit ; ils seront donc sûrs de se faire de petites rentes, modestes sans doute, mais suffisantes pour le déclin de l'âge. On peut encore nous dire qu'une fois le crédit aboli, un bon ouvrier, qui ne possède que son talent, ne pourra jamais prétendre à s'établir. Ceci est une erreur : chacun sait aujourd'hui que celui qui ne possède rien ne peut arriver à rien, parce qu'aujourd'hui tous ceux qui s'établissent sont obligés de faire à leurs clients des crédits bien plus longs que le crédit qui leur est accordé à eux. De cette manière, ils ne peuvent se soutenir longtemps. Et d'ailleurs, celui qui ouvre un crédit à un ouvrier ne le fait que par intérêt, parce qu'il compte sur son intelligence et sur son activité; alors on lui vend en prélevant sur lui de gros bénéfices ou on lui prête à gros intérêts, avec de bons billets à courte échéance qu'il faut souvent renouveler avec de nouveaux frais, avec de nouveaux intérêts. L'ouvrier a l'honneur d'être établi; mais il en supporte toutes les charges, tous les longs crédits qu'il doit faire et toutes les pertes, et les profits passent entre les mains de ceux qui l'ont crédité. Après plusieurs années d'activité et de soucis de toutes sortes, le dégoût s'empare de lui, il finit par quitter son établissement avec des dettes qu'il n'avait pas lorsqu'il y est entré. Voilà le dénoûment de la plupart des ouvriers qui s'établissent avec le crédit qu'on leur ouvre et qui leur est presque toujours funeste, surtout depuis que les gros capitaux se réunissent pour écraser les petits. Notre opinion à nous est que l'ouvrier qui ne possède rien, une fois le travail organisé, s'il est économe et laborieux, pourra faire quelques économies, et dès lors espérer de se faire intéresser chez son patron

où il se sera fait estimer par son ordre et sa bonne conduite, ou, s'il le préfère, s'associer à de bons camarades
aussi laborieux que lui, et qui, comme lui, auront fait
quelques économies ; alors ils ne devront leur établissement
qu'à eux-mêmes, ils n'auront d'obligation à personne, et
ne subiront aucune domination ; leurs bénéfices et le fruit
de leur travail leur appartiendront tout entiers, parce
qu'ils ne seront plus obligés de les partager avec des
fournisseurs ou des bailleurs de fonds intéressés qui prélè-
vent sur eux un bénéfice souvent trop fort, sans pour cela
entrer dans leurs frais ni leurs pertes ; si leur bourse est
petite, ils commenceront petitement ; ils auront moins de
frais, ils trouveront une compensation ; ne faisant plus de
crédit eux-mêmes, ils ne seront plus sujets aux pertes, et,
de plus, ils profiteront de l'avantage et de l'honneur
d'acheter et de payer comptant. Et si, dans le nombre des
ouvriers, il en est qui n'aient ni le caractère, ni les capacités pour s'établir, ou s'associer, l'organisation du travail
ne permettant plus l'exploitation des malheureux ouvriers, ils pourront sans doute aussi faire quelques économies qu'ils placeront sur l'État, sur des compagnies ou
dans des tontines qui feront fructifier leur argent, et si
cela ne peut leur suffire pour leurs vieux jours, la République les admettra aux invalides civils et nationaux.

Oui, nous croyons que le crédit est une chose nuisible
à la société, il est la cause de cette grande concurrence
devenue si facile à tant de monde ; et si on ne peut abolir
le crédit, on doit au moins chercher à le limiter, à le
modifier. Est-il juste que le petit commerçant, qui est
obligé de payer les billets que les fabricants lui font faire

à trois mois, tandis que lui ne peut obtenir de se faire
payer de ses clients qu'après un an de crédit, quand toutefois on le paie au bout d'un si long terme? Est-il juste
qu'un petit commerçant, vendant au détail et dont les
charges sont si lourdes, puisse faire des avances de neuf
mois, surtout depuis que la grande concurrence force à
vendre au rabais ou sans bénéfice? N'est-il pas étrange
aussi que les propriétaires, qui se font payer les loyers
trois mois et même six mois d'avance, tandis que le propriétaire, lui aussi, ne paie à son tailleur, à son cordonnier, etc., qu'un an après livraison faite? Et, ce qu'il y a
de mieux encore, c'est qu'après un an de crédit, on veut
encore rabattre sur le montant de la note. Ainsi, le petit
commerçant paie le propriétaire six mois d'avance, le
commerçant est payé un an après le terme de ses fourni-
tures : c'est donc une avance de dix-huit mois que les
pauvres font aux riches. Cela n'est pas juste, cela est ini-
que, et vaut la peine que l'on s'en occupe sérieusement,
afin d'y porter remède si cela est possible, et il y a tant
de choses possibles sous une république calme, pacifique
et bien ordonnée. Soyons donc calmes et patients, parce
que tout ne peut se faire dans un jour. En attendant, con-
sultons-nous, unissons-nous pour être forts, et quand il en
sera temps, quand nous aurons mûrement, sagement dé-
libéré sur ce qui est bien, sur ce qui est juste, nous pour-
rons le faire prévaloir par les hommes que nous aurons
envoyés à la députation, et dans les mains desquels nous
aurons confié nos destinées.

DE LA FABRICATION ILLIMITÉE

—

Qu'arriverait-il si un boucher tuait et préparait beaucoup plus de viande que la consommation de sa clientèle ne l'exige? évidemment il lui en resterait, et, pour ne pas la perdre, il tâcherait de la vendre sans bénéfice et même à perte. Croit-on que, de cette manière, il pourrait s'enrichir? Non, sans doute, à moins qu'il ne vendît les premiers morceaux assez cher pour se récupérer à l'avance de la perte qu'il pourrait faire sur ce qui lui resterait ; mais comme le prix des viandes est bien connu, il ne peut vendre trop cher ; et comme il ne veut pas non plus se ruiner, il s'arrange de manière à ne pas vendre trop bon marché, et pour cela il a soin de ne pas trop abattre. Bien que les bouchers passent pour être des brutes, ils ne le sont pas encore assez pour ne pas s'entendre entre eux, et si l'un manque de viande, il va trouver son confrère qui lui en cède ; et si plusieurs en manquent et ne peuvent s'en céder mutuellement, ils abattent une bête qu'ils se partagent entre eux. De cette manière ils se prêtent réciproquement une assistance mutuelle, qui est, pour leur intérêt, d'un avantage immense.

La profession de tailleur, sous certains rapports, peut être comparée à celle des bouchers. Si nous achetons trop de nouveautés, ou si nous fabriquons trop de vêtements d'avance, la mode se passe, on ne peut plus les vendre qu'à prix coûtant et même à perte. Si on a pu gagner gros

au commencement, on aura couvert d'avance les pertes à
faire plus tard. Mais maintenant qu'on affiche de toutes
parts les marchandises à bas prix, le prix de ces marchandises est donc connu ; on ne peut donc plus vendre,
au commencement des saisons, assez cher pour réparer
les pertes ; donc la ruine est évidente si l'on achète trop
ou si l'on fabrique trop. C'est malheureusement ce qui
s'est fait depuis plusieurs années et ce qui a rendu le commerce si déplorable ; le point de départ de cette fabrication à outrance, sans ordre ni mesure, vient de nos villes
manufacturières : la quantité des fabricants s'est beaucoup accrue depuis 1830, la création et le perfectionnement des machines ont beaucoup contribué à fabriquer
vite et à bon marché, ce qui serait un grand bien si
les fabricants n'en avaient pas abusé, facilités qu'ils
étaient par le crédit ou les bailleurs de fonds. L'abondance
du crédit ou du numéraire a causé la ruine de beaucoup,
parce qu'ils s'y sont fiés pour fabriquer à qui en ferait le
plus, sans s'inquiéter si la consommation marchait en proportion de ces montagnes de marchandises qui se fabri-
quent dans toutes les villes et dans tous les coins de la
France. Il en est résulté que les fabriques et les dépôts se
sont trouvés encombrés, et pour tâcher d'écouler, on est
venu offrir aux détaillants des marchandises à des prix
vraiment tentatoires, et le débitant s'est laissé tenté par
ces prix, par le crédit qu'on lui offrait et par les belles
paroles des commis, aussi adroits à vendre qu'un bon
avocat à gagner une mauvaise cause. Les confectionneurs,
devenus si nombreux, ont cru ne rien risquer en achetant
des marchandises à si bas prix, et en profitant des mortes

saisons pour avoir les ouvriers à bon marché; ils ont ainsi fabriqué en masse. — Qu'est-ce que l'on risque quand on a la marchandise et la main-d'œuvre à si bon compte? Rien sans doute quand on ne s'encombre pas trop; mais il n'en a pas été ainsi : les confectionneurs en gros ont fabriqué beaucoup, les confectionneurs en détail ont voulu fabriquer aussi; les marchands de draps et de nouveautés, chargés de trop de marchandises, les ont également fait confectionner. Cela ne suffisait pas : les chapeliers, les bonnetiers, tout le monde s'en mêle, tout le monde confectionne, sans prudence, sans raison, et tout le monde vient se plaindre que le commerce ne va pas, parce que l'on n'achète pas toutes les marchandises établies! Mais, mon Dieu! comment voulez-vous donc vendre toutes vos marchandises, puisque vous fabriquez double et triple de ce dont vous avez besoin? Vous dites qu'il y a trop de monde, que la concurrence est trop grande. Mais au contraire, à la manière dont vous travaillez, il faudrait qu'il y eut trois fois plus de monde pour consommer tout ce que vous fabriquez. Puisque vous avez tant d'argent et tant de crédit, payez donc alors vos ouvriers un peu mieux pour qu'ils puissent acheter aussi, pour qu'ils puissent aussi faire aller le commerce. Mais non, on tente de plus en plus à réduire l'ouvrier. Comment voulez-vous qu'il achète et qu'il paie si on ne lui donne pas un salaire suffisant?

L'ouvrier est bien avancé lorsqu'il voit en étalage des marchandises étiquetées à très bas prix, s'il ne peut en acheter, ne gagnant à peine que pour sa nourriture. A qui profite cet étalage du bon marché? Aux riches, toujours aux riches, et pour les autres classes, c'est un fléau. **Non, cet état de choses ne peut durer. Pour notre compte,** nous redoutions la révolution : nous avions peur qu'il ne se commît des excès comme en 93, excès qui, d'ailleurs, n'étaient malheureusement que trop excités par les sourdes menées de la noblesse et du clergé, qui craignaient de perdre leurs privilèges et leurs fortunes ; mais nous avons tout lieu de croire que ces deux classes, si puissantes et si impérieuses jadis, n'ont plus assez d'influence pour nous diviser et exciter encore à la guerre civile. L'expérience d'ailleurs a dû leur démontrer qu'ils n'avaient rien à gagner à diviser et à exciter la colère du peuple. Chacun sait très bien que la République ne veut pas prendre le bien des riches, elle veut seulement que le riche ne puisse pas s'enrichir aux dépens du salaire du pauvre ; elle veut, en un mot, que chacun vive honnêtement de son travail, et que, quand l'ouvrier laborieux est usé par l'âge et les fatigues, il ne soit pas réduit à tendre la main. Ayons donc confiance dans la République, la République démocratique, dussions-nous éprouver un peu de misère ; de la modération, de la patience, du calme et de l'union, et les hommes de l'avenir ne pourront plus être aussi égoïstes, aussi avides que les hommes du passé ; et tout le monde y gagnera.

SITUATION ET CARACTÈRE

DES OUVRIERS.

—

Il y a quelques mois, c'était tout un peuple aux prises avec un gouvernement avide; aujourd'hui, c'est l'ouvrier aux prises avec le commerce, lutte non moins funeste, s'il n'y avait trève immédiate. Entre les combattants la partie est inégale, car le corps des ouvriers est plus nombreux et plus fort que celui des maîtres, et si l'ouvrier abusait de sa force, le commerce serait bientôt anéanti et complètement ruiné; mais l'ouvrier est sage et prudent; il sait que, s'il détruit le commerce, il se détruit lui-même en se déshonorant. Aussi quel ordre admirable de sa part! Qui se serait douté, à l'avance, que, lorsque le peuple bouleverserait un trône, en se rendant maître absolu, il n'eût pas abusé de sa force, et ne se fût pas vengé contre ceux qui, par leur cupidité, voulaient le réduire à l'esclavage? Mais la classe ouvrière a prouvé qu'elle était humaine et qu'elle n'avait qu'une ambition, vivre en travaillant : le travail et l'activité sont dans ses mœurs et dans ses goûts. Réglez donc le travail de manière à suffire à tous les besoins; l'orgueil et l'honneur de la France le veulent et le peuvent. Notre pays n'est-il pas le plus riche et le plus éclairé de tous les pays? Son sol n'est-il pas assez fertile, et l'industrie assez grande pour nourrir tout le monde et occuper tous les bras?

N'est-il pas arbitraire et contraire aux lois de Dieu et de la nature, que le père, la mère et les enfants, même en bas âge, soient obligés, dans certaines professions, de travailler quinze heures par jour, et que tous ces bras, agités et rompus de bonne heure par le travail et les privations, ne puissent encore sufûre aux plus pressants besoins? N'est-il pas douloureux, pour le propriétaire ou pour le boulanger, de refuser un gîte ou du pain à de pauvres familles laborieuses, pour lesquelles la durée du travail est plus longue et plus active que celle des forçats, et ne sufût pas pour payer la nourriture ou le loyer, et qui passent quelquefois pour des fripons, quand leur cœur est le plus souvent pénétré de la plus grande loyauté?

On reproche aux ouvriers de dissiper ce qu'ils gagnent, et que, plus ils gagnent, plus ils dissipent; cela arrive quelquefois, il est vrai; mais, dans ce cas, ce n'est qu'à lui qu'il fait tort, car, s'il gagne de l'argent et qu'il le dépense, cet argent roule dans le commerce et profite au commerce. Si le riche dépensait ses revenus comme l'ouvrier dépense son salaire, le commerçant et l'ouvrier n'auraient point fait de révolution. Ce n'est pas que nous approuvions l'ouvrier qui dépense immodérément les économies qu'il pourrait faire : loin de là ; mais organisez-lui, autant que possible, un travail régulier, vous lui organiserez ensuite des moyens d'ordre et d'économie. D'ailleurs, le moyen que vous lui donnerez pour s'instruire, lui et sa famille, est déjà un de ceux des plus efficaces.

On reproche à l'ouvrier de ne pas avoir d'ordre : peut-il en avoir quand il manque de tout et que ses enfants, génération toujours croissante, ne peuvent profiter de bons exemples? Comment l'ouvrier peut-il avoir de l'ordre quand il travaille quatre mois de l'année avec une telle activité, qu'il peut à peine prendre le temps du sommeil et de la nourriture? Après quatre mois d'un tel exercice, privé du repos nécessaire à sa santé et de régularité dans ses repas, il trouve tout naturel de se donner un peu de jouissance, et il lui faut, d'ailleurs, bien peu d'excès pour dissiper ses épargnes ; le temps de la bonne saison est si court qu'il n'a pu faire de grandes économies, et les économies de quatre mois de travail, aussi actif qu'il soit, au prix que sont payés maintenant les travaux, peuvent-elles suffire aux huit mois de chômage? Et, pendant ces huit mois de chômage et d'inaction, en face de ses ennuis et de sa misère, est-il toujours maître de fuir les mauvais penchants que font naître les soucis? Voilà la vraie position de la plupart des ouvriers mise à nu, et personne ne peut nier cette vérité.

Cette position pour eux est-elle tolérable dans un pays plein de richesses, de bon sens et de progrès? La société peut-elle leur en vouloir, quand ils demandent paisiblement, à la suite d'une révolution qu'ils ont faite, l'organisation du travail, qui ne peut nuire à personne, sinon que de faire payer aux riches les choses ni plus ni moins que ce qu'elles valent réellement, c'est-à-dire que les riches ne puissent grossir leur fortune aux dépens de leur salaire? Les riches n'en seront pas moins riches, n'en vivront que plus paisiblement, et tout le monde y gagnera.

On dit aussi aujourd'hui que l'ouvrier, par ses exigences et l'augmentation des salaires, absorbera les capitaux et achèvera de tuer la confiance et le crédit; malheureusement beaucoup de monde ne réfléchit pas que l'ouvrier, qui s'est toujours battu contre les gouvernements, dans l'espoir d'acheter par son sang un peu de pitié de la part d'un gouvernement nouveau, et que les rois, depuis des siècles, jusqu'à la dernière déchéance, l'ont toujours leurré pour mieux l'enchaîner. L'ouvrier, confiant parce qu'il est bon au fond du cœur, s'était toujours vu tromper, et qu'il ne veut plus l'être, et qu'il veut des lois qui garantissent son droit; s'il est exigeant, c'est qu'on n'a jamais su s'y prendre pour suffire à tous ses besoins; et les besoins de l'ouvrier, c'est un travail régulier et justement rétribué, suivant ses forces et sa capacité; et pour ses heures de repos et de récréation, une éducation utile, morale et amusante, au lieu de le laisser s'accroupir dans les cabarets; d'encourager son intelligence dans des cours de morale et de philantropie, dans des musées, des salles littéraires ou dans de bons théâtres.

On dit que les ouvriers voudraient exiger l'impossible! Les ouvriers, qui se levaient en masse et de bonne volonté dans notre première révolution, pour aller défendre la patrie et se battre, les pieds nus et le ventre creux, ont prouvé qu'ils avaient de l'âme, et qu'ils n'étaient pas sourds quand il s'agissait de défendre l'honneur de la patrie.

Le peuple, qui est debout aujourd'hui, est aussi désintéressé que celui de 93, et n'est pas intraitable à la voix de la justice et de la concorde.

Commencez par faire des lois qui garantissent pour l'avenir du travail et du pain à tous et pour tous, dussent-ils, pour les mauvaises années, n'avoir du travail que pour trois heures par jour, et du pain que pour la moitié de ce qu'il leur faut ; l'ouvrier s'en contentera, du moment où il y a garantie pour lui que la répartition en sera loyalement faite. Quand vous aurez fait ces lois, qui sont les plus pressées de toutes, puisque la classe ouvrière est la plus nombreuse et la plus turbulente, quand elle a sujet d'être mécontente, vous lui direz : la patrie n'est plus en danger ; elle est trop forte pour cela, mais elle a besoin de votre activité et de vos économies pour rétablir le déficit de nos finances ; et vous jugerez entre l'industriel et le financier lequel est le plus généreux, lequel des deux sera le meilleur citoyen, lequel des deux soutiendra mieux l'honneur de la nation. L'ouvrier offre volontiers son sang et sa bourse, le riche donne rarement de pareils exemples.

Quelques personnes croient qu'une limite dans la concurrence et une augmentation équitable du salaire épouvanteraient les riches et nuiraient au commerce. Erreur grossière ! Après l'orage viendra le calme. Notre pays, nos mœurs et notre industrie doivent retenir les riches au sein de la patrie, quand ils savent si bien que nous n'en voulons ni à leurs personnes ni à leurs propriétés. Quant à leur argent, qu'en feraient-ils s'ils ne le répandaient dans le commerce et dans le luxe ? Ils ne peuvent pas supprimer le luxe, parce qu'ils l'aiment et qu'ils n'auront, pour la plupart, autre chose à s'occuper ; et, en supposant que la suppression des titres doive entraîner celle du luxe, n'y a-t il que les très gros capitalistes qui aiment à s'entourer des arts et du confortable?

On nous dit qu'une juste rétribution de travail et de salaire augmenterait nos produits et les empêcherait de s'écouler à l'étranger. Nous répondrons encore qu'avant le système à bon marché nos produits étaient fort estimés, fort recherchés et fort bien payés à l'étranger, parce que c'étaient de beaux produits, et qu'ils ne laissaient rien à désirer sous le rapport de la perfection. Maintenant que nous vendons meilleur marché, qu'en résulte-t-il? que nos produits ne sont plus aussi bons ni aussi bien perfectionnés, qu'ils ne sont plus estimés à l'étranger, et que, si nous avions continué à marcher dans cette voie, les étrangers n'auraient plus acheté chez nous, et que notre réputation de bons faiseurs était complètement perdue. Qui est-ce qui perd notre commerce d'exportation? ce sont les commissionnaires, qui, par l'appât d'un plus gros gain, achètent ou commandent des marchandises à bas prix, et ne livrent à leurs commettants que des marchandises inférieures aux échantillons, et nos fabricants, se prêtant volontairement ou involontairement à cette espèce de duperie, font le plus grand tort au commerce d'exportation. Nous ne nous arrêterons pas davantage sur le système d'exportation, que d'autres écrivains ont développé avec plus de connaissances et de talent que nous pourrions le faire.

Quelques personnes disent aussi qu'on ne peut songer à organiser le travail en formant des règlements et des tarifs à cette époque où il n'y a ni commerce ni travaux. Nous répondrons à cela que le commerce n'est anéanti que provisoirement, qu'il faudra bien qu'il reprenne tôt ou tard, et, en attendant, on peut toujours s'organiser pour, quand il reprendra, maîtres et ouvriers puissent marcher d'accord et ne soient plus sujets à des dissentiments; au moins la stagnation du moment aura toujours été utile à quelque chose, et l'ouvrier nous en saura gré.

Donc, nous insistons sur l'organisation du travail, sur l'unité des règlements et des tarifs loyalement fixés et loyalement exécutés, qui donnent à la fois des garanties aux maîtres et aux ouvriers; car, tant qu'il y aura des malheureux ouvriers forcés de travailler au rabais, d'autres ouvriers viendront s'élever contre eux et contre les patrons qui les emploient : de là, les discordes, les rassemblements et les collisions, ce qui naturellement nuit à la fois au commerce, aux fabricants et aux ouvriers eux-mêmes. Nous le répétons, il faut des règlements et des tarifs débattus entre maîtres et ouvriers; une fois ces tarifs bien arrêtés d'un commun accord, et approuvés par le gouvernement, les ouvriers qui, après, ne voudraient pas s'y conformer, évidemment c'est qu'ils ne sauraient pas ce qu'ils veulent, et s'ils se révoltaient, la loi aurait le droit de sévir contre eux : mais, jusqu'alors, la loi n'avait pas le droit d'intervenir, puisque la loi n'avait rien fait pour eux.

DU CUMUL DES PLACES

ET

DU CUMUL DES PROFESSIONS.

—

Le gouvernement de la République dans sa haute sagesse vient d'interdir le cumul des places, et la France entière l'a applaudi, car c'était faire acte de la plus grande justice. En sera-t-il de même pour le cumul des professions? Qui n'a pas vu à la fête de la fraternité un char magnifique pour servir d'enseigne à un magasin du boulevart Poissonnière, joint à ces affiches placardées dans Paris, prouvant assez que cette maison envahit tous les genres d'industrie? Sera-t-il enfin toujours permis à un marchand d'indienne par exemple, d'être à la fois fabricant d'habits , de parapluies, de corsets , de tapis et de tant d'autres spécialités qu'il usurpe à autrui? sera-t-il enfin toujours permis à une seule maison, parce qu'elle possède de grands capitaux, d'en ruiner des milliers d'autres parce qu'elles ont le malheur de ne pas être aussi riches qu'elle? La République, qui veut la liberté, l'égalité et la fraternité, voudra-t-elle enfin que chacun soit autorisé à vivre de son métier, sans que personne n'ait le droit de le lui prendre, car sans cela c'est lui voler son seul bien, sa seule existence; à quoi servirait donc la

justice, si elle ne pouvait saisir les accapareurs, les vo-
leurs de profession.

Jadis un bon ouvrier, après avoir fait son tour de
France, après bien des années de travail et de fatigue, se
disait : Assez d'atelier comme cela ; ouvrier on ne peut
garder une pomme pour la soif ; établissons-nous et tâ-
chons de faire des économies pour nos vieux jours. A l'é-
poque où l'homme de métier pouvait vivre de son métier,
l'on disait : l'ouvrier peut être plus heureux que le riche,
car ce dernier peut perdre ou dissiper sa fortune. Mais à
moins que de devenir aveugle, le talent et l'intelligence
sont au-dessus de toutes les fortunes. Hélas! dans
ces dernières années, qui aurait pu dire cela? Il n'y a que
quelques jours encore, avant le 24 février, on ne pouvait
pas dire, il suffit d'avoir du talent pour vivre ; il fallait
dire, il faut être intrigant pour vivre.

Dans ce temps de grandes richesses pour les uns, de
grandes misères pour les autres, et des concurrences il-
limitées augmentant la fortune de quelques-uns, en con-
sommant la ruine de tant d'autres, le capitaliste se liait à
l'intrigant et disait, d'une voix de Stentor : Hommes de
métier, de science et de labeur, avec notre argent et notre
ruse, nous allons exploiter votre science pour en avoir
l'honneur et le profit ; vous êtes nés prolétaires, nous voulons que vous restiez prolétaires. Voilà leur langage, et
ceux qui avaient assez de pudeur pour ne pas le dire tout
haut, il était visible qu'ils le pensaient.

Pour nous, qui n'avons pour toute fortune que notre
industrie, nous venons la défendre, parce que nous croyons
que c'est notre droit, et nous le faisons avec autant de

confiance que nous croyons aussi que nos frères de toutes les professions nous approuveront et s'uniront à nous pour protester contre l'abus du cumul des métiers par des capitalistes qui ont assez de fortune, et qui devraient, eux, vivre de leurs revenus.

DE L'ASSOCIATION.

—

Depuis qu'il est question d'organiser le travail, bien des théories déjà se sont mises à jour, et l'on a surtout beaucoup parlé d'associer les ouvriers à l'entreprise de leur patron. Ce système serait magnifique, car le travailleur se trouverait en quelque sorte émancipé, mais par ce moyen, la racine du mal qui ronge la société sera-elle extirpée, l'affreuse concurrence, cause de tant de désastres et de banqueroutes, sera-t-elle anéantie ? non sans doute, à moins cependant que tous les membres d'une seule industrie soient associés et régis par une seule administration, car sans cela, s'il se forme une société industrielle ici, et qu'il puisse encore s'en former une pareille à côté, il y a donc encore concurrence, et si l'une de ces sociétés est jalouse de l'autre, évidemment, elle lui fera la guerre à la manière dont se battent les concurrents, à qui ruinera l'autre. Les ouvriers auront-ils gagné à être associés à l'une et l'autre de ces entreprises ; non, car si l'une

2

et l'autre de ces entreprises se ruinent par esprit de concurrence, l'ouvrier associé sera ruiné avec elle. Il serait donc préférable que du principe et dans l'intérêt des chefs et des ouvriers, les deux se réunissent en une seule administration, alors ils n'auront pas motif de se faire la guerre, et ne courront pas la chance de se ruiner. Pourquoi les administrations des postes aux lettres et des tabacs bénéficiênt-elles annuellement par millions? Parce qu'elles n'ont pas de concurrence, et qu'elles sont régies chacune par un administrateur unique.

Bien que les administrations des postes aux lettres et des tabacs soient le monopole du Gouvernement, et que le Gouvernement seul en recueille tous les bénéfices, qui lui sont d'ailleurs indispensables pour subvenir aux charges de l'État; mais il n'en serait pas de même pour les autres industries, où le Gouvernement n'aurait que le droit de prélever un bénéfice ou un impôt pour subvenir aux charges que lui occasionnera son concours ou sa surveillance sur chacune de ces industries; nous croyons donc que si chaque industrie était organisée et conduite par une seule administration, chaque industrie n'ayant plus de concurrence, pourrait, comme les administrations des postes et des tabacs, bénéficier annuellement par millions: chaque industrie serait riche, et les ouvriers n'auraient plus à redouter ni l'âge, ni la misère, parce qu'ils s'arrangeraient à vivre avec le salaire qu'on leur paierait quotidiennement pour leurs journées de travail, et ils pourraient, à la fin de chaque trimestre ou de chaque année, placer aux caisses de l'État la part de bénéfice qui leur serait payée comme dividende. Quelques personnes prétendent que cela ne se peut pas : cela se peut pourtant très bien, car on peut, comme pour les admistrations des tabacs et des postes, former à Paris et dans toutes les villes autant de succursales qu'il y en aurait besoin, et ces succursales seraient gérées par des agents qui auraient fait leurs preuves de capacité et de loyauté. Il nous semble, nous, qu'on ne peut pas ce qu'on ne veut pas se donner la peine d'essayer, et ce qui pourrait seul empêcher ce système de prévaloir, ce sont quelques personnes seulement qui craindraient de perdre leur liberté en venant se ranger en commun comme à un tableau de famille, où la liberté, le droit et le bénéfice seraient pour tous.

Nous devons dire cependant que le Gouvernement a déjà autorisé l'essai de ce système, et nous citons comme exemple l'Association fraternelle des tailleurs à Clichy, et cependant cette société est encore bien faible pour servir d'exemple, car la plupart de ses membres n'était que des ouvriers sans ouvrage et sans ressources, et leur début fut bien pénible quand l'État leur accorda une entreprise d'au moins deux cent mille francs, sans aucun crédit, sans aucune autre ressource que leur courage et une vingtaine de mille francs que quelques maîtres tailleurs réunis leur avaient prêté. Et maintenant que cette petite société est parfaitement orientée et que tous ses membres sont dans l'union la plus cordiale, pourra-t-elle se maintenir si l'État ne continue pas de l'encourager en venant à son aide ? Si l'État ne pouvait pas commanditer cet établissement de manière à ce qu'il puisse progresser rapidement, au point d'attirer à lui tous les autres tailleurs, de manière à ne former qu'une seule société, ce serait dommage, car ce ne serait alors qu'une maison de plus en guerre de concurrence avec tant d'autres, et Dieu sait quand cette guerre finirait !

Si ce système d'association ne pouvait prévaloir, si le Gouvernement ne pouvait ni le soutenir, ni le commanditer au besoin, il faudrait pourtant bien prendre un parti, il faudrait pourtant bien finir par établir des règlements, des tarifs qui mettent l'ouvrier à l'abri de la cupidité de certains spéculateurs, qui garantissent enfin à l'ouvrier par son travail son existence et son repos dans ses vieux jours, de même que les patrons seront garantis de ce que les ouvriers deviennent quelquefois trop exigeants. D'ailleurs, on comprend que l'ouvrier soit exigeant plutôt à certaines époques qu'à d'autres : on a abusé de lui, cause continuelle des difficultés entre maîtres et ouvriers.

PROJET DE PÉTITION

DES TAILLEURS D'HABITS

à l'Assemblée Nationale.

—

Citoyens,

La société tout entière a compris que la première chose à faire, comme la plus urgente, était de s'occuper immédiatement de l'organisation du travail. Personne, et le gouvernement lui-même, ne peut se dissimuler que le plus grand problème à résoudre est l'organisation qui doit assurer le travail, le bien-être et la liberté des travailleurs. sans altérer ni compromettre en rien la liberté et les intérêts de tous les commerçants, et généralement de toutes les classes de la société, et assurer enfin l'accord durable et la bonne intelligence qui doivent toujours exister entre les patrons et les ouvriers, tout en laissant à chacun leur liberté d'action, c'est-à-dire qu'ils puissent toujours être indépendants les uns des autres, pour que les uns ne puissent jamais se considérer comme étant les esclaves des autres.

Le gouvernement a si bien senti la grandeur de sa tâche et les difficultés qu'il pourrait rencontrer pour harmoniser et régler tant d'intérêts divers, qu'il n'a pas hésité un seul instant a faire appel aux hommes de toutes les industries, de toutes les intelligences, pour l'aider à fonder le plus promptement et le plus efficacement possible des lois qui garantissent le bien-être de tous.

Il était de notre devoir de répondre à l'appel bienveillant que nous a fait le gouvernement à nous tous travailleurs, de venir concourir à cette grande œuvre de l'organisation du travail qui doit éteindre pour jamais le hideux spectacle du paupérisme et de la mendicité, ainsi que l'abus de l'exploitation de l'homme par l'homme.

Nous ne nous arrêterons pas à discuter sur un grand nombre de théories qui ont été faites déjà par des écrivains d'un grand mérite, mais dont la plupart n'ont pu faire une étude assez approfondie des besoins et des reglements à introduire dans telle ou telle profession qu'ils n'ont jamais exercé, soit comme maîtres, soit comme ouvriers : le malade seul peut bien expliquer les souffrances qu'il éprouve.

Nous avons donc pensé qu'il était sage de ne nous occuper que de notre spécialité ; nous avons cru ne pas être importuns, Citoyens, en venant soumettre aux lumières de l'Assemblée nationale un projet de règlement qui a été adopté à l'unanimité et signé par tous les membres de notre corporation. La pétition que nous avons l'honneur de lui soumettre est signée de   maîtres et de   ouvriers. L'Assemblée verra par ce chiffre imposant que les vœux formulés dans la présente pétition ne sont pas ceux d'une fraction, mais bien la voix de la corporation tout entière. Nous venons donc, pleins de confiance dans l'Assemblée, vous prier de sanctionner notre règlement et de lui donner force de loi.

Afin que l'Assemblée nationale puisse bien apprécier l'opportunité de notre demande, nous lui soumettrons à la fois la cause des maux qui pèsent sur notre malheureuse industrie, et ensuite les moyens que nous croyons les plus efficaces à employer pour les faire cesser, sauf les modifications qu'elle jugera à propos d'y faire.

La cause de la ruine des maîtres tailleurs est que des spéculateurs, étrangers à leur profession, sont venus s'établir à côté d'eux, dans le but de leur faire concurrence et de chercher par tous les moyens possibles à leur ravir leur clientèle, en établissant des prix tellement réduits, tellement au-dessous du cours, qu'il est devenu impossible aux vrais tailleurs de soutenir plus longtemps une concurrence aussi désastreuse.

Attendu que cette concurrence ayant pris le titre de confectionneur et ayant abusé des grands capitaux qu'elle possède et du crédit dont elle pouvait disposer , elle a monté des magasins immenses de manière à établir en quelque sorte un monopole contre lequel personne ne pouvait plus lutter.

Attendu qu'au moyen des grands capitaux qu'ils possèdent, les confectionneurs peuvent profiter de la fin de chaque saison , où le commerce est en souffrance , pour acheter aux fabricants gênés des marchandises bien au-dessous du cours ; de même ils profitent également des mortes-saisons pour payer aux ouvriers le tiers ou le quart de leur véritable salaire , de manière que ces malheureux ouvriers , forcés qu'ils sont d'accepter à tel prix que ce soit, afin de pouvoir nourrir leur famille, sont obligés de travailler au moins quinze heures par jour, ce qui peut encore à peine suffire à leurs plus pressants besoins.

Attendu que les maisons dites de confection occupent à Paris plus de dix mille ouvriers par jour, que ces dix mille ouvriers si peu rétribués sont obligés pour vivre de faire double ouvrage en travaillant la nuit, ou en se faisant aider par leurs femmes et leurs enfants souvent trop jeunes encore. Ces dix mille ouvriers employés à la confection, faisant l'ouvrage de vingt mille, c'est donc dix mille qui travaillent comme des mercenaires en privant dix mille autres de travail et de pain.

Attendu que dans l'espace de quelques années une

trentaine de maisons de confection ont acquis une telle importance qu'elles ont pu établir, à Paris et dans les villes de province, des succursales qui font, dans toute l'étendue de la France, une concurrence tellement désastreuse, que plus de trente mille maîtres tailleurs se trouvent dans l'impossibilité de soutenir leurs établissements et réduisent cent cinquante mille ouvriers à la plus profonde misère.

Attendu que cette concurrence sans bornes , sans limites, ne tente rien moins qu'à décourager et à ruiner moralement et matériellement une corporation composée d'au moins deux cent mille membres dont la ruine ne peut que tourner au profit des classes aisées ou de quelques spéculateurs seulement ; les soussignés viennent supplier l'Assemblée de sanctionner par son vote les articles formulés dans la présente pétition.

Considérant que les tailleurs doivent faire un apprentissage de leur état , que cet apprentissage ne dure pas moins de huit années d'exercice tant apprenti qu'ouvrier. Tout ouvrier, après huit années d'exercice, doit considérer son état comme sa propriété.

Considérant que la loi doit garantir la propriété des ouvriers comme elle garantit celle des propriétaires, nul ne doit donc avoir le droit d'exercer un état qui n'est pas le sien, sans quoi il usurpe les bénéfices d'une profession qui n'est pas la sienne.

Le gouvernement, voulant garantir les droits et la propriété de tous, décrète :

ARTICLE PREMIER.

Quiconque ne pourra prouver par un livret ou par tout

autre certificat équivalent qu'il a au moins huit années d'exercice comme apprenti et comme ouvrier , ne peut être considéré comme tailleur , et ne peut avoir aucun droit à s'établir maître tailleur ni maître confectionneur.

ART. 2.

Quiconque contreviendra au présent décret sera immédiatement interdit et condamné à une amende au profit des veuves sans ressources de cette corporation.

ART. 3.

Quiconque jusqu'à présent aura usé du droit de s'établir marchand tailleur et qui ne pourra prouver que ce droit lui est légitimement acquis , conformément à l'article 1er du présent décret, sera déchu du titre de tailleur et ne pourra plus, sous aucun prétexte , avoir le droit de l'exercer ; seulement, à partir de ce moment , il lui est accordé une année pour faire sa liquidation. Au bout de ce temps il devra fermer son magasin ou vendre son fonds à un ou plusieurs tailleurs associés. Dans le cas où il ne trouverait pas à vendre son fonds à des tailleurs , la loi l'autoriserait à la résiliation de son bail s'il y avait lieu de le faire.

ART. 4.

Quiconque n'est pas tailleur n'aura pas le droit de s'associer à des tailleurs, il ne pourra être considéré que comme prêteur au taux légal de 6 p. 100 par an. Tout contrevenant au présent article sera puni d'une forte amende au profit des veuves sans ressources de la corpotion.

ART. 5.

Tout tailleur qui voudrait acheter un fonds de mar-

chand confectionneur et qui ne pourrait le payer comptant , il lui serait accordé du temps, en donnant toutefois
des garanties et en payant l'intérêt à 6 p. 100 par an.

ART. 6.

Tout tailleur indistinctement qui, après un certain
nombre d'années d'exercice , voudrait se retirer des affaires pour vivre de son revenu, pourra vendre son fonds
a des tailleurs, mais il ne lui sera pas permis d'entrer dans
les bénéfices de son successeur qui, achetant souvent le
fonds assez cher, ne peut tirer sur ses bénéfices une part
pour une personne qui ne participe ni aux charges, ni
aux travaux de l'établissement; seulement si l'établissement n'est pas payé comptant, les acquéreurs devront
payer l'intérêt à raison de 6 p. 100.

Fait et approuvé par tous les membres de la corporation.

Paris, ce 15 Juin 1848.

Suivent les signatures.

CAUSES DE LA MISÈRE

DES OUVRIERS TAILLEURS.

Tant que la fabrication et la concurrence resteront sans
limites, ou que des tarifs sagement régularisés pour les

prix des journées et des travaux faits aux pièces par les ouvriers, et qu'on laissera aux patrons la faculté de payer leurs ouvriers comme ils l'entendront, les ouvriers pourront toujours se croire les esclaves des patrons, et nous croyons qu'alors l'amélioration du sort des travailleurs est impossible. En effet, la concurrence sans bornes et sans mesure a forcé les fabricants à diminuer leurs prix ; ces diminutions de prix, toujours croissantes, finissent par dégénérer en pertes, et les faillites, si fréquentes et si nombreuses, le prouvent assez. A part cela, que le fabricant fasse faillite ou non, toujours est-il que, pour soutenir la concurrence, il paie les façons à ses ouvriers le moins qu'il peut, au point même que les plus laborieux ne peuvent plus se suffire.

Si l'ouvrier se plaint d'un salaire insuffisant, le patron lui dit : Mon ami, j'en suis désolé, mais je ne puis plus vendre mes habits assez chers pour vous payer une façon plus convenable. Si le prix que je vous offre ne vous convient pas, je trouverai d'autres ouvriers que le besoin forcera bien d'accepter à un prix même moindre que celui que je vous offre à vous. L'ouvrier, contraint par la nécessité, est bien forcé d'accepter aux conditions qu'on lui pose ; seulement, si ce modique salaire ne peut lui suffire, il sera bien forcé de faire des dupes : ce qui arrive chaque jour. Les livres des maîtres d'hôtels garnis et des restaurants ne le prouvent malheureusement que trop ; aussi suffit-il de se dire tailleur pour ne pouvoir obtenir un centime de crédit nulle part, et cependant les tailleurs ne sont ni plus vicieux, ni plus de mauvaise foi que les autres. Non, ce n'est ni le vice, ni la mauvaise foi, mais

bien la nécessité qui les force à être mauvais payeur.
Non-seulement la presque généralité des ouvriers tailleurs
est malheureuse et pleine de dettes, parce qu'ils ne re-
çoivent pas un salaire suffisant, mais c'est parce qu'ils ont
aussi à supporter quatre mois de morte-saison par an ;
s'ils gagnent à peine suffisamment quand ils travaillent
avec la plus grande activité , comment font-ils quand ils
ne travaillent pas du tout? Des dupes évidemment. Peut-
on leur en vouloir? Non ; on les plaint, et voilà tout.

Pour améliorer le sort des ouvriers tailleurs, il n'y a
que deux moyens possibles : 1° leur régler un salaire suffisant au moyen d'un tarif auquel tous les maîtres indistinctement seraient tenus de se conformer; 2° leur procurer du travail pendant les deux époques de chômage
qui a lieu régulièrement tous les ans, à la fin de l'hiver et
à la fin de l'été. Ce dernier moyen nous semble facile.
L'État a toujours sur pied une armée d'au moins trois
cent mille hommes qu'il faut habiller, eh bien, qu'il ouvre
des ateliers nationaux dans chaque département, qu'il
embrigade pour le temps des mortes-saisons les ouvriers
sans ouvrage, qu'il supprime les ateliers de régiment, et
qu'il place ces maîtres tailleurs aptes à bien conduire ces
sortes d'ateliers à la tête des ateliers nationaux; un conseil d'administration , nommé également par le gouvernement, aura pour mission spéciale de surveiller à la fois
les maîtres tailleurs et maintenir les règles et la discipline
des ateliers.

Il est possible que par ce système les façons d'habille-
ments militaires reviendront un peu plus cher que s'ils

étaient confectionnés dans l'atelier du régiment ; mais puisque l'État est disposé à vouloir bien s'occuper du sort des travailleurs, nous avons pensé qu'il ne regarderait pas à faire quelques sacrifices, qui, à tout bien considérer, n'en serait pas, car si l'ouvrier est sans ouvrage, il est malheureux, il pâtit, il tombe malade : dès-lors il tombe à la charge de l'État. L'ouvrier sans ouvrage, s'il est insouciant et hardi, ne pâtira pas ; il se rendra insinuant, il se fera en quelque sorte chevalier d'industrie, il fera des dettes qu'il ne pourra jamais payer. De cette manière ou de l'autre, l'ouvrier sans ouvrage est toujours à la charge de la société. Cependant, puisque le travailleur fait partie de la société, il a droit comme tout autre à une existence honorable ; la société doit donc lui donner les moyens de vivre avec honneur, en travaillant, sans qu'il soit obligé de recourir au crédit ou à l'aumône.

ORGANISATION DU TRAVAIL.

Nous ne sommes pas de l'avis des personnes qui disent impossible une meilleure organisation dans la fabrication, dans le travail, dans le prix des salaires et un avenir meilleur pour la classe ouvrière quand la vie et les forces de l'ouvrier sont usés par l'âge, le travail et la fatigue. Il faut avoir l'esprit bien étroit pour toujours mettre en avant le mot impossible, il faut avoir la vue bien courte pour ne pas voir que les chimistes et les mécaniciens ont fait, depuis quelques années, d'aussi grands chefs-d'œuvre, bien plus difficiles à inventer et à exécuter que l'organisation du travail. Il n'y a pas si longtemps encore que l'on disait les effets de la vapeur impossibles et que l'on traitait son auteur de rêveur et d'utopiste, et cependant aujourd'hui plus éclairés, nous reconnaissons que la vapeur fait des merveilles. On a traité l'inventeur de fou, et pourtant elle franchit le monde avec la rapidité de l'éclair, traînant à sa suite un poids immense, incalculable. Et on viendra nous dire, en voyant de pareilles merveilles, qu'une meilleure organisation sociale est impossible. Ceux qui disent cela, nous ne les traiterons pas de fous, mais nous leur dirons qu'ils ne voient pas plus loin que le bout de leur nez, ou qu'ils sont égoïstes et qu'ils ont intérêt à ce que les pauvres soient toujours exploités par les riches.

Ce qui présente le plus de difficulté pour organiser le travail, c'est la différence qui existe, dans chaque industrie, pour régler le salaire des ouvriers : les uns travaillent au mois, les autres aux pièces, ceux-là à la journée, ceux-ci à l'heure. Il n'y a presque nulle part des tarifs bien fixes, des règles bien établies ou bien suivies. Cependant puisque l'on proclame l'unité, l'égalité, il devrait y avoir pour les ouvriers de toutes les professions une règle générale pour le prix des salaires, c'est-à-dire que dans tous les pays un ouvrier de telle profession doit être aussi bien considéré que celui de telle autre ; ainsi un chapelier est aussi utile qu'un menuisier, un tailleur qu'un maçon, un boulanger qu'un imprimeur, un graveur qu'un cordonnier , ils rendent tous, par leurs tra-

vaux, par leur intelligence, par leur activité, par leur
dévouement, les mêmes services à la société; donc la
société doit les rémunérer autant les uns que les autres ;
dès-lors il pourra y avoir entre les ouvriers unité, égalité;
cependant les ouvriers eux-mêmes, comme tout le monde, comprennent très bien que la parfaite égalité ne peut
être complète entre tous les travailleurs, car le plus ou le
moins d'habileté, d'intelligence, sont des dons que la
nature n'a pas accordé à chaque homme en parts égales,
ce qui fait qu'il y a toujours dans un atelier des hommes
qui font plus ou mieux que d'autres; il est donc naturel
que ces derniers soient payés en raison de ce qu'ils ont
plus de capacités, et pour cela on formerait trois classes
payées à raison de trois prix différents. Une des corporations qui nous parait la mieux organisée est celle des
typographes; on pourrait donc prendre leur règlement
pour modèle, sauf quelques modifications que l'on juge-
rait nécessaire.

On envisage l'organisation du travail de quatre ma-
nières différentes.

Première Manière.

L'association générale pour chaque industrie, c'est-à-
dire, tous les chapeliers, je suppose, maîtres et ouvriers,
étant associés ensemble et régis par une seule administration, avec autant de succursales qu'il serait nécessaire
pour que chaque société industrielle ne puisse abuser du
monopole des tarifs faits par l'état, réglerait les bénéfices.

Deuxième Manière.

L'association partielle, c'est-à-dire la libre concurrence ; seulement les ouvriers seraient associés à leur patron, afin de prendre part aux bénéfices, à raison de tant pour cent, indépendamment de leur salaire réglé par des tarifs.

Troisième Manière.

La libre concurrence, sans que les ouvriers soient associés à leur patron. Seulement le prix des façons serait payé à raison de tant pour cent, suivant la valeur des objets. Ainsi, par exemple, la façon des habits pourrait être payée à raison de 25 pour cent ; alors un habit vendu 100 fr., serait payé à l'ouvrier 25 fr. un habit vendu 70 fr., serait payé 17 fr. 50, etc.

Quatrième manière.

La libre concurrence sans que l'ouvrier soit intéressé à la vente, seulement le prix de la main-d'œuvre, serait fixée à tant l'heure; ainsi, un ouvrage estimé 30 heures de travail à 50 cent., je suppose, serait payé à l'ouvrier 15 francs, etc.

Il s'agit maintenant de résoudre lequel de ces moyens serait le plus avantageux et susceptible d'être le plus généralement adopté.

Le premier moyen qui est l'association générale, aurait pour inconvénient, si toutefois c'en était un, de mettre tous les travailleurs, maîtres et ouvriers, sous la gouverne, sous les ordres, sous la surveillance d'un seul administrateur; la liberté de chacun serait en quelque sorte comprimée, car chacun aurait forcément sa tâche à remplir sous peine d'amende, ou d'un retour proportionné à son manque d'exactitude, mais en revanche, l'association générale aurait ceci d'avantageux :

1° Qu'une industrie n'aurait plus de concurrence.

2° Qu'il n'y aurait plus d'encombrement, de marchandises, parce que la société n'achèterait et ne ferait fabriquer qu'à proportion, ou approximativement ce qu'elle saurait devoir écouler.

3° Parce qu'il ne pourrait plus y avoir de mauvais payeurs, attendu qu'un mauvais payeur serait signalé immédiatement dans toutes les succursales.

4° Parce que tous les travailleurs seraient également occupés, attendu que l'administration pourrait facilement transporter ses ouvriers dans une succursale ou dans une autre, suivant que les travaux l'exigeraient.

5° Parce qu'il ne pourrait plus y avoir de misère, attendu que le prix des marchandises serait coté de manière à ce que chaque associé ait pu gagner sa journée convenablement, et qu'il y ait en plus un bénéfice à partager entre tous au bout de l'année.

6° Parce que les enfants pourraient faire leur apprentissage dans les ateliers de l'administration, sans qu'il en coûte un centime aux parents.

7° Parce que les ouvriers auraient la facilité de changer de succursales, et de permuter avec des camarades, s'il leur plaisait de faire leur tour de France.

8° Parce que l'administration pourrait partager ses meilleurs ouvriers dans chaque succursale, pour que le progrès et le perfectionnement se répande également sur toute la France.

9° Parce que l'administration aurait un atelier ou un comité spécial composé des hommes les plus studieux, les plus intelligents, qui travailleraient sans cesse à résoudre les moyens de perfectionnement et d'économie pour l'a-vantage, le bien-être et l'honneur de la société.

10° Parce que, lorsqu'un membre de la Société ne pourrait plus travailler, s'il n'avait pas amassé de quoi se suffire, la société lui viendrait en aide, et dans le cas où il pourrait encore s'utiliser a quelque chose, l'association l'emploierait, soit à faire des commissions, soit à veiller à l'entretien ou à la propreté des ateliers.

11° L'administration aurait également des ateliers de femmes, cependant, pour celles qui voudraient travailler chez elles, soit pour leur ménage ou leurs enfants, l'admi-nistration leur donnerait de l'ouvrage à domicile, qui lui serait payé d'après le tarif.

12° La Société aurait *un Journal* où elle publierait mensuellement ses opérations, sa gestion, et sa situation financière.

Le second moyen , la libre concurrence, où les ou-vriers seraient associés à leur patron, nous paraît peu praticable, car la concurrence rend le commerce exces-sivement chanceux, excessivement variable. Aux temps de concurrence, un fabricant ne gagne de l'argent que s'il est très adroit, ou très actif, ou très intéressé, ou s'il a beaucoup de capitaux ou beaucoup de crédit ; s'il gagne de l'argent, il est sensé ne le devoir qu'à lui, et ne per mettra pas que ses ouvriers interviennent dans ses béné-fices. Avec la concurrence un fabricant a du bon et du mauvais ; quelquefois, il éprouve des pertes que lui font essuyer de mauvais payeurs ; quelquefois, pour ne pas perdre sa clientèle et manquer un marché, il doit faire quelques sacrifices qu'il rattrappe quand il peut sur un autre, en vendant le plus cher qu'il peut. Les ouvriers seront-ils disposés à entrer dans les pertes, quand il y en aura, ne seront-ils pas disposés à croire qu'il y aurait mauvaise foi de la part du patron. Ce système n'amènerait-il pas à des dissensions continuelles ; d'ailleurs un fabricant est quelquefois forcé de faire de longs crédits, ou d'avoir chez lui des matières premières ou des marchandises fabriquées, qu'il ne sait pas lui-même quand il en tirera parti, et qui lui prenne un intérêt d'argent ; d'ailleurs, les ouvriers sont peu sédentaires, ils s'attachent rarement à une maison, il faudrait donc chaque fois qu'un ouvrier voudrait quitter, que le patron fît pour lui un nouvel inventaire. Ce système d'associer les ouvriers à leur leur patron, ne pourrait prévaloir que dans les msisons où on ne fabrique que sur commande au comptant, où les bénéfices sont toujours réguliers ; avec la concurrence cela est impossible, où alors il faudrait interdire le crédit et établir des tarifs, pour qu'un fabriquant ne puisse vendre ni plus cher ni meilleur marché qu'un autre, et ne pas acheter ni fabriquer plus que la vente ne l'exige.

Nous n'aurions pas parlé de ce système, si quelques personnes ne l'avait pas mis en avant.

Le troisième moyen est la libre concurrence sans que les ouvriers soient associés à leurs patrons, seulement le prix des façons serait payé à raison de tant pour cent sur le prix de vente. Quelques personnes ont pensé que l'on pourrait ainsi régler aux ouvriers le prix des travaux qui se font aux pièces, pour éviter l'abus que font certains patrons qui exigent qu'en morte-saison les ouvriers travaillent à moitié prix, ce qui n'empêche pas ces mêmes patrons de vendre , un peu plus tard , leurs produits aussi cher. Les travaux que les ouvriers font à bas prix pendant la mauvaise saison , ne sont plus à faire quand la bonne revient ; donc, les ouvriers seuls sont lésés de cent pour cent au profit des marchands ou des acheteurs. De là on se dit , en fixant le prix des façons sur le prix des ventes, si le marchand vend cher, l'ouvrier sera payé cher, si le marchand vend bon marché, l'ouvrier sera payé bon marché ; donc le patron ne pourra plus abuser de l'ouvrier, attendu qu'il y aura un livre paraphé où les objets vendus tels ou tels prix , faits par tels ou tels ouvriers, seront inscrits par numéro d'ordre.

Ce système pourrait également prévaloir si tous les fabricants d'une même industrie vendaient leurs produits aux mêmes prix ; mais tant qu'il y aura des fabricants à tous prix, tant qu'ils auront le droit de vendre cher, bon marché ou à perte, tant que les uns fabriqueront à l'avance et en masse pour vendre en gros, et que les autres ne fabriqueront qu'au fur et à mesure et sur commande, le prix de vente ne peut pas régler celui des ouvriers, car si un marchand confectionneur en gros vend mille gilets à la fois, il peut, s'il le veut, se contenter de 10 c. par gilet, il gagne donc 100 fr. sur son marché, tandis que l'ouvrier, lui, qui ne peut faire qu'un gilet a la fois , ne peut être réduit sur son salaire pour un gilet, comme son patron peut réduire son bénéfice sur mille qu'il vend. Nous pensons donc que ce système n'est pas plus praticable que le précédent, et que c'est avant tout le prix de la main-d'œuvre de l'ouvrier qui doit servir à fixer le prix des choses.'

Le quatrième moyen est la libre concurrence sans que les ouvriers soient associés à leurs patrons, seulement des tarifs et des règlements seraient établis de la manière suivante :

1° Il y aura des ouvriers de première, deuxième et troisième classe ;

2° Pour Paris, ceux de première classe seraient payés à raison de 50 c. l'heure ;

3° Ceux de deuxième classe 40 c. ;

4° Ceux de troisième classe 30 c. ;

5° A Paris, aucun ouvrier ne pourra être payé au-dessous de ce dernier prix, car sans cela sa journée de onze heures ne pourrait suffire à ses besoins.

6° Le salaire des femmes sera payé la moitié ou les deux tiers de celui des hommes.

6° Dans les provinces, le salaire sera réglé par les conseils de Prud'hommes. Une fois le tarif des salaires bien établi, les prud'hommes devront veiller à ce qu'il soit maintenu ou changé s'il y avait urgence reconnue indispensable.

Règlement.

ARTICLE PREMIER.

Un ouvrier sera reconnu appartenir à la première, à la deuxième ou à la troisième classe au moyen d'un livret qui devra être signé des deux derniers patrons chez lesquels il aura travaillé, et signé également des prud'hommes de sa spécialité.

ART. 2.

Tout ouvrier de troisième classe qui, par son zèle et son activité, aurait mérité de passer à la deuxième ou à la première classe, devra le faire certifier par son patron et par les ouvriers de l'atelier où il travaille, et attesté par le conseil des Prud'hommes. qui lui délivrera alors un autre livret de deuxième ou de première classe.

ART. 3.

Tout ouvrier qui, par l'âge ou par tout autre motif, serait reconnu ne pouvoir plus faire partie de la première ou de la deuxième classe, avis en serait donné au conseil des Prud'hommes qui, d'après les renseignements pris, changerait son livret ou lui ferait une remarque qui signifierait qu'il ne fait plus partie que de la troisième classe.

ART. 4.

Tous les ouvriers de la même industrie et de tous les pays ne devant former qu'une société, se doivent un secours mutuel.

ART. 5.

Tout ouvrier qui aura travaillé tout ou partie de la semaine sera tenu de verser 50 c. à la caisse des cotisations.

ART. 6.

Toutes les sociétés de toutes les villes pourront correspondre entr'elles, au moyen d'un journal spécial, afin de procurer de l'ouvrage à ceux qui n'en auraient pas.

ART. 7.

La caisse des cotisations servirait à donner des facilités

de route aux ouvriers sans ouvrage qui, pour travailler, devront se transporter d'un lieu à un autre.

ART. 8.

Tout ouvrier qui travaillera sa semaine pleine devra, indépendamment de sa cotisation, laisser un dixième de son salaire, qui sera porté sur son livret de la caisse d'épargne. Ces sommes ne devront lui être rendues que dans le cas où il prouverait qu'il veut s'établir ou s'associer. Sans cela, le gouvernement devra garder son argent et le faire fructifier, de manière à ce qu'il ne se trouve pas sans ressource quand l'âge ou les infirmités ne lui permettront plus de travailler.

ART. 9.

Tout ouvrier qui n'aura pas de livret n'aura droit à aucun secours.

ART. 10.

Le dimanche étant consacré au repos, tout ouvrier qui, le lundi, ne sera pas à l'atelier à l'heure indiquée, sans autorisation du patron ou du chef d'atelier, sera passible d'une amende.

ART. 11.

Tout ouvrier qui, dans le courant de la semaine, abandonnerait son travail sans un motif reconnu indispensable, sera également passible d'une amende.

ART. 12.

Tout ouvrier qui voudrait définitivement quitter l'atelier sera tenu d'en prévenir le patron une semaine d'avance, à moins que des cas majeurs puissent le faire excuser.

ART. 13.

Aucun ouvrier n'aura le droit d'exiger qu'on lui paie
ses heures de travail plus cher que le prix fixé pour la
classe à laquelle il appartient.

ART. 14.

Tout ouvrier qu'on obligera de travailler plus de onze
heures par jour aura le droit d'exiger que les heures de
supplément lui soient payées 10 c. de plus que les prix
fixés par le tarif.

Devoirs des Maîtres envers les Ouvriers.

ARTICLE PREMIER.

Attendu que pendant les époques de chômage quelques patrons forcent leurs ouvriers à accepter une dimi-
nution de salaire ; attendu que ces époques de chômage
ont lieu deux fois dans l'année, pendant lesquelles les
ouvriers sont assez malheureux de ne pouvoir faire des
semaines entières, sans encore leur rabattre sur le peu
qu'ils font ; il est interdit, sous peine d'amende, à tous
ceux qui occupent des ouvriers, de les payer en aucun
temps au-dessous des prix fixés par le tarif.

ART. 2.

Dans l'intérêt de la continuité et de la juste répartition
du travail entre tous les travailleurs, aucun maître ne
pourra exiger de ses ouvriers plus de onze heures de travail par jour, à moins d'un cas d'extrême urgence, et
que cet excédant de travail devra être réparti, autant
que possible, entre tous les membres de l'atelier, pour

que les uns ne soient pas obligés de travailler quinze et seize heures quand les autres n'en travaillent que onze. De même aux époques de chômage, le peu d'ouvrage qu'il y aurait à faire serait réparti également, ou à peu près, entre tous. Il ne serait pas juste que d'aucuns travaillassent des semaines entières quand d'autres ne travailleraient pas du tout.

ART. 3.

Toutes les fois qu'un ouvrier sera obligé de travailler plus de onze heures par jour, chaque heure de supplément devra lui être payée 10 c. en sus.

ART. 4.

Le travail exigé les dimanches et les fêtes reconnues sera considéré comme travail supplémentaire, et devra également être payé 10 c. de plus par heure.

ART. 5.

Aucun patron ne pourra sous aucun prétexte se soustraire à l'exécution de ces deux articles sous peine d'amende.

ART. 6.

Tout patron, indistinctement, sera tenu de verser à la caisse d'épargne, tous les quinze jours, le dixième qu'il aura retenu à ses ouvriers. et pour lesquels il devra avoir un livre spécial.

ART. 7.

Tout patron qui occupera des ouvriers sans livret sera passible d'une amende.

ART. 8.

Le produit des amendes encourues par les patrons, chefs d'ateliers et ouvriers, sera versé dans une caisse, et spécialement destiné à secourir les veuves sans ressources de la corporation.

ART. 9.

Tous les articles du règlemént devront être mentionnés sur le livret et affichés dans tous les ateliers.

Sur les quatre systèmes que nous venons de développer, nous n'en voyons que deux vraiment praticables, le premier et le dernier. Nous pensons même que le premier, qui est l'association générale, ne pourrait s'établir que graduellement, sur une petite échelle d'abord et comme essai, que le gouvernement doit autoriser et aider même par prêt d'argent si cela est nécessaire. Si le moyen est bon il se propagera de lui-même et sans secousse ; si, au contraire, on voulait immédiatement le mettre en pratique partout et sur toutes les industries, ce serait bouleverser toutes les positions, ce serait s'exposer à une révolution dont personne peut-êttre ne pourrait prévoir le terme. Tout nous porte donc à penser que le système de concurrence libre, tel qu'il a existé jusqu'à présent, peut dominer encore longtemps ; mais il est cependant de la plus grande nécessité de s'occuper un peu plus du sort des travailleurs qu'on ne l'a fait jusqu'à présent. C'est pourquoi nous n'hésitons pas à dire que l'on devrait immédiatement appliquer dans toutes les industries le tarif et le règlement que contient notre quatrième moyen.

Si nous sommes entré dans ces détails, ce n'est pas que nous ayons l'intention de vouloir indiquer à l'Assemblée nationale ses devoirs envers les travailleurs, elle nous a trop bien prouvé jusqu'à ce jour par ses travaux combien elle avait à cœur d'améliorer le sort des travail-

|eurs, et nous avons trop de confiance en elle pour croire qu'elle ne faillira pas à la tâche qu'elle s'est imposée ; mais c'est précisément parce que nous avons cru que cette tâche était bien compliquée, bien lourde, que nous avons pensé qu'elle ne nous saurait pas mauvais gré de lui soumettre ce dernier règlement que les ouvriers croient le plus salutaire pour améliorer leur sort et garantir leur existence par le travail, et maintenir la bonne intelligence qui doit régner entre les patrons et les ouvriers.

Nous croyons opportun de reproduire ici quelques extraits d'articles publiés dans notre journal *Fashion Théorie* des mois de Mars, Avril, Mai et Juin.

On a craint pour un instant que les ouvriers tailleurs, malheureux par l'avidité de quelques confectionneurs, ne se portassent à quelques excès, à quelques vengeances en détruisant les magasins de confection ; mais les ouvriers ont senti que ce n'était pas de la violence qu'il fallait, que c'était de l'union : ils ont eu immédiatement confiance dans l'avenir, dans le gouvernement provisoire et dans la nouvelle constitution que l'on va faire et qui doit être soumise au vote de l'Assemblée nationale qu représente la France entière. Toutes les cités seront calmes et patienteront, parce qu'elles savent que le vœu le plus ardent de la nation et du gouvernement provisoire est le progrès et l'organisation du travail qui peuvent seuls faire la gloire et le bonheur des peuples.

Tout le monde est donc paisible et tranquille , parce
que tout le monde sait que les ouvriers ne veulent pas de
révolution , qu'ils ne veulent qu'une République qui leur
assure un travail régulier. . . . .

(Fashion de Mars.)

Peu de chose à dire pour la fête de Longchamps ; aura-
t-elle lieu? sera-t-elle brillante? c'est selon : cela dépendra des progrès qu'aura fait notre situation politique et
financière , cela dépendra de l'humeur de nos grandes et
riches familles qui viennent d'ordinaire faire l'ornement
de cette brillante promenade. Supposons que les familles
déchues de leurs titres nobiliaires boudent la République
et n'assistent pas à cette promenade, eh bien! la République saura trouver le moyen de régénérer cette fête
qui, d'ailleurs, commençait à perdre de sa splendeur depuis plusieurs années déjà ; car , il faut bien en convenir,
depuis que les riches se lançaient dans la spéculation , ils
perdaient le goût du luxe. Combien de fois avons-nous
dit , sous la dernière dynastie : Si toute la cour, si toute
la noblesse venaient à cette fête déployer un luxe en rapport à leur grande fortune, comme elle serait brillante et
animée , et combien elles gagneraient dans l'estime pu-
blique en vivifiant , en encourageant le commerce et les
industries! Mais la cour et la noblesse étaient trop inté-
ressées, elles aimaient mieux doubler, tripler leur fortune
que de vivre largement ; il leur semblait que le bonheur
unique était d'entasser des millions, et que l'estime pu-
bique n'était rien en comparaison d'un trésor. Eh bien !
ce que la dernière royauté et la dernière aristocratie n'ont
pas su faire , la République le pourra , le voudra , nous

n'en doutons pas. Les fêtes sont utiles, elles sont indispensables; elles font sortir les capitaux, les déplacent et vivifient le commerce ; la fête de la Mode est une des plus favorables au commerce, il faut qu'elle vive : l'intelligence républicaine saura créer quelque innovation, quelque charme nouveau , pour la ramener même au-dessus de son ancienne splendeur.

Quelle que soit la situation de la capitale , nous avons toujours une jeunesse aisée, folâtre , insouciante , aimant l'innovation des plaisirs comme des costumes. Nous n'avons donc rien à craindre pour notre réputation de luxe et d'innovation. Nous ne verrons peut-être plus autant de soirées splendides dans quelques salons aristocratiques ; qu'importe si nous y voyons d'autres fêtes non moins brillantes et plus animées par une gaité plus cordiale et plus franche. Ce sera bourgeois , boutiquier , diront les gens de la haute ; mais qu'importe! du moment où le luxe et le bon goût y président. Pour ceux qui connaissent la réserve froide et monotone des fêtes aristocratiques , ils trouvent bien supérieures celles données par la fashion républicaine dans les lieux publics , tels que le Jardin d'hiver et autres. Là, tous les arts, toutes les sciences, toute cette jeunesse animée du beau et du bien , après avoir donné essor à leur intelligence , à leur génie, viennent se réjouir et danser en faisant une œuvre pieuse, car leur joie serait incomplète s'ils ne vidaient préalablement leur bourse en faveur des victimes de la révolution. Aujourd'hui ce ne sont plus les titres qui font la noblesse, c'est l'âme et le cœur , et tous les bons Français ont de l'âme et du cœur; donc ils sont tous nobles par le cœur;

cela suffit, et ils n'ont pas besoin de blason. Aujourd'hui, le titre nobiliaire de chaque Français est le titre d'artisan, son blason, c'est l'uniforme du garde national. Être à la fois artisan et guerrier, enrichir son pays par son travail et savoir le défendre au besoin, tels sont les sentiments au-dessus de tous les titres et de tous les blasons dorés.

(*Fashion* d'Avril).

Nous avions bien préjugé quand nous disions que la République nous donnerait des fêtes brillantes ; la fête du 21 mai n'était pas seulement une fête de la mode, c'était une fête toute fraternelle de tous les arts, de toutes les modes ; chaque corps d'état avait sa place marquée et portait en triomphe son chef-d'œuvre. Pour une première fête presque inattendue, pour un début, on y voyait portés des produits admirables. Ce sera bien autre chose à l'avenir, quand la confiance et le commerce auront rspris leurs cours. Pour notre compte, nous faisons les vœux les plus sincères pour le règne indéfini de notre République, car elle seule a les idées grandes et généreuses, elle seule peut régénérer le commerce, ayons donc confiance, et donnons-lui au moins le temps de s'installer.

Les tailleurs n'avaient pas apporté de chef-d'œuvre au cortège ; cependant notre place y était si nous avions voulu la prendre : ce sera pour une autre fois.

(*Fashion* de Mai.)

Nous aurions beaucoup à dire sur la manifestation du 15 mai relativement à l'intervention de la France en faveur de la Pologne, mais nous sortirions de notre spécialité, et nous n'en avons pas l'intention. S'il nous échappe

quelques mots sur cet incident, c'est parce qu'il est bien
prouvé que la Pologne n'était pas le seul motif de cette
grande manifestation , où tant de mécontents, tant de
partis et tant de curieux se trouvaient réunis, et parmi
lesquels il a été immédiatement facile de reconnaître trois
partis très distincts : d'abord celui qui réclamait en faveur
de la Pologne, ensuite celui des mécontents de ce que les
hommes du progrès et les républicains sincères paraissent
en minorité à l'Assemblée nationale ; puis enfin celui des
ouvriers mécontents de ce que la chambre a refusé, dès
son début, la formation d'un ministère spécialement
chargé de l'organisation du travail. Pour l'intervention
en faveur de la Pologne, c'est, à notre avis, une affaire de
politique, pour laquelle on doit s'en rapporter à la sagesse
de l'Assemblée. Seulement, pour dire notre opinion à ce
sujet, nous croyons que la France a bien assez à faire
pour constituer notre république, rétablir nos finances et
notre commerce qui souffrent depuis si longtemps, sans
nous exposer maintenant à une guerre générale contre
tant de puissances jalouses, qui ne demandent qu'un prétexte, qu'une occasion, pour faire disperser notre armée et
se liguer contre nous. Nous voulons le progrès, l'affran-
chissement, le bien-être des peuples : la guerre n'affran-
chit pas les peuples, elle les tue, les ruine et les opprime.
Propagez les grandes et généreuses idées par la voie de
la presse et par notre action pacifique, les peuples, en suivant notre exemple, s'affranchiront d'eux-mêmes en
chassant leurs oppresseurs comme nous l'avons fait nous-
mêmes. Les bons exemples que nous leur donnerons auront
plus d'influence sur eux que la violence et les coups de

canon. Quant au second parti, mécontent parce qu'il voit l'Assemblée composée de trop de réactionnaires, de jésuites et de partisans dynastiques, nous lui dirons : Sans doute la Représentation n'est pas toute composée de véritables et sincères républicains, mais, à la rigueur, nous l'aimons mieux comme cela que si elle était composée de républicains exaltés et farouches ; car, en supposant même que la majorité, telle qu'elle est, aurait quelque tendance à la réaction, cela ne lui serait pas possible : la France est trop éclairée aujourd'hui pour souffrir que ses députés s'écartent jamais de la voie du bien-être et du progrès. D'ailleurs, avant de pouvoir bien apprécier le caractère de la majorité de l'Assemblée, il faut au moins lui laisser le temps de se mettre à l'œuvre. A peine si l'Assemblée nationale était formée, qu'on aurait voulu que tout se fît immédiatement et à la fois : on n'avance pas, on ne fait pas bien les choses quand on veut aller trop vite.

Le troisième parti qu'on distinguait dans la manifestation du 15 mai, voulait témoigner son mécontentement de ce que l'on avait éludé la proposition d'un ministère spécial pour la classe industrielle et laborieuse. Pour notre compte, dès les premiers jours de la révolution, nous avons manifesté le désir de voir créer un ministère spécial du travail composé d'hommes spéciaux, choisis parmi les maîtres et les ouvriers de toutes les professions, et qui mieux que tout autre, pourraient sagement régler des tarifs, soit pour le prix des journées ou pour les ouvrages aux pièces, soit pour les intérêts des maîtres et des ouvriers, afin que ni les uns ni les autres ne fussent lésés en aucune façon. L'Assemblée nationale n'a pas admis la proposition d'un ministère spécial pour les travailleurs, qui cependant donnait une garantie aux ouvriers, qui n'ont plus de confiance, parce que maintenant, disent-ils, on les bercera, comme par le passé, avec des paroles, rien que des paroles, et qu'aucun gouvernement ne veut les mettre à l'abri de la spéculation et des exploiteurs ; les ouvriers sont de mauvaise humeur, enfin, d'entendre dire souvent qu'une organisation est impossible dans le prix des salaires et qu'il faut que les choses restent comme elles ont toujours été. Cependant l'Assemblée vient de nommer dans son sein une commission composée de trente-six membres chargés de l'importante question de l'organition du travail.

A nos yeux, cette commission pourrait bien avoir la même valeur qu'un ministère spécial, si elle était composée de maîtres et d'ouvriers de chaque profession ; mais il n'en est pas ainsi. Les membres de cette commission n'étant ni tailleurs, ni ébénistes, ni cordonniers, ni charpentiers, ni serruriers, etc., etc., etc., etc., pourront-ils bien régler les intérêts de tant de diverses corporations, puisque la plupart d'entre eux n'ont jamais travaillé ni comme maîtres, ni comme ouvriers : la suite nous l'apprendra ; mais, en attendant, nous ne pouvons les juger avant de les avoir mis à l'œuvre ; seulement, suivons, examinons bien leurs travaux, et s'ils ne comprennent pas bien leur mission, s'ils se trompent, s'ils se lancent dans une fausse voie, unissons-nous pour les éclairer de nos conseils et de notre expérience. D'ailleurs les conseils des Prud'hommes réorganisés et composés d'autant de maîtres que d'ouvriers, pourront désormais concilier tous les intérêts.   (*Fashion* de Juin)

Correspondance.

—

Douai, 24 mai 1848.

Citoyen,

Je vous prie de faire part à vos abonnés d'une concurrence qu'on ne connaît peut-être pas à Paris : c'est celle des maîtres tailleurs militaires. Est-il juste et raisonnable que des gens qui sont habillés, nourris, logés et payés par nous, contribuables, viennent nous faire tort en travaillant pour le civil, et cela à des prix inférieurs aux nôtres? et ne serions-nous pas des malheureux si nous ne protestions contre un tel abus commis par des hommes qui ont tant d'avantages sur nous, n'ayant ni impôts, ni patente à payer, payant les ouvriers moitié moins que nous, et, de plus, ayant en perspective une retraite dont nous payons au gouvernement notre quote-part. J'ai pensé, citoyen, devoir vous soumettre ces réflexions, persuadé que vous les accueilleriez favorablement, et que vous chercheriez les moyens de les faire tourner à l'avantage de notre chère profession, qui a besoin de tant d'encouragement.

Dans cette attente, veuillez recevoir mes remercîments sincères, et me croire votre tout dévoué.

SERVAIS-BRIAT.

UN CLUB EN PLEIN VENT.

—

Quelques ouvriers. Nous ne travaillerons pas si on ne veut pas nous payer plus cher qu'avant la révolution.

Un maître. Dans la situation où est le commerce, les maîtres ne feront rien faire si les ouvriers ne veulent pas travailler à meilleur compte qu'avant Février.

Un ouvrier. Nous nous sommes battus en Février pour améliorer notre sort et non pas pour gagner moins. D'ailleurs pourquoi voulez-vous diminuer le prix de la journée? Ne vendrez-vous pas vos marchandises, sous la République, le même prix qu'auparavant?

Le maître. Et vous-même pourquoi voulez-vous faire augmenter le prix de vos journées?

L'ouvrier. Parce que nous autres nous ne gagnons pas assez et que vous autres vous gagnez beaucoup trop.

Le maître. Mais vous vous trompez singulièrement. C'est parce que je ne gagne plus assez, et que je me ruine au contraire, que je suis forcé de diminuer le prix de la journée.

L'ouvrier. Comment se fait-il que vous vous ruiniez maintenant et que vous vous enrichissiez auparavant?

Le maître. Parce que j'ai dû agrandir et embellir mon magasin pour faire remarquer mon établissement, et diminuer le prix de mes marchandises pour m'attirer une plus grande clientèle; il m'a bien fallu imiter mon concurrent, mon voisin en face.

L'ouvrier. S'il plaît à votre voisin et à vous de vous ruiner par orgueil ou par esprit de concurrence, cela ne nous regarde pas. Puisque vous et vos voisins vous agrandissiez vos magasins et augmentiez vos frais, vous deviez alors l'un et l'autre augmenter vos marchandises en proportion, et vous faites tout le contraire, au lieu d'augmenter vos marchandises vous les diminuez, et vous voudriez ensuite couvrir vos pertes en diminuant notre salaire à nous, pauvres diables d'ouvriers, qui pouvons à peine arriver à mettre les deux bouts ensemble ! Vous affichez un article 5 fr., je suppose, celui qui l'achète, c'est qu'il en a besoin ; vous l'auriez affiché 6 fr. qu'il vous l'aurait acheté également ; vous y auriez gagné sans avoir besoin de tirailler l'ouvrier.

Le maître. Je comprends cela. Pour mon compte, je ne demande pas mieux ; mais mon voisin....

Nous aurions désiré écouter cette conversation jusqu'au bout, mais un piquet de gardes nationaux est venu disperser ce groupe qui s'était singulièrement grossi. Un alarmiste, en le voyant, crut à une émeute, et alla en prévenir le poste le plus voisin.

Paris.—Typ. et Lith. de A. APPERT.
passage du Caire. 54.

TABLE DES MATIÈRES

CONTENUES DANS CETTE BROCHURE.

Typ. et Lith. de A. APPERT, passage du Caire, 54.

www.ingramcontent.com/pod-product-compliance
Ingram Content Group UK Ltd.
Pitfield, Milton Keynes, MK11 3LW, UK
UKHW022312120726
13694UKWH00004B/1392